나무라 불러도 괜찮습니다

나무라 불러도 괜찮습니다

남상진 시집

시인수첩 시인선 089

여우난골

| 시인의 말 |

촉수를 곤두세워 지나간
그리고 지나가는 모든 순간이
한 줄 문장이 되기를,

발가벗고
맨발로 얼음 위를 걷는 기분이다.

| 차례 |

시인의 말·5

1부

용서하면 물이 된다·13

검은 숲·14

우울한 침대·16

거울에 비친 생각·18

내가 읽은 나무·20

노숙의 날들·22

숲속의 풍경·24

소리의 방향·26

오늘의 표정·28

나무는 나무끼리 슬픔은 슬픔끼리·30

시끄러운 책·32

어둠에 스민 물처럼·34

터널 · 36

지느러미를 벗은 물고기 · 38

2부

도하(渡河) · 43

직박구리는 날고 나는 바라본다 · 46

스테노카라 · 48

황태 · 50

핼러윈데이 · 52

물의 밧줄 · 54

처제가 사라졌다 · 56

오래된 규칙 · 58

통과의례 · 60

모래비 · 62

향나무에 갇힌 새처럼 · 64

파도에 밑줄을 긋고 · 66

아직도 낯선 · 68

맹그로브 · 70

지나가는 나무 · 72

빙하 · 74

3부

새벽의 고백 · 79

나무의 내막 · 82

어둠의 행간 · 84

그림자의 채널 · 86

혼자 비를 만났습니다 · 88

물끄러미 · 89

새를 열다 · 90

침향처럼 · 92

데린쿠유에서 온 여자 · 94

리모델링 · 96

멸치의 꿈 · 98

독백 · 100

환승 · 102

가면무도회 · 104

4부

인큐버스 · 109

팬데믹 · 112

비의 둥지 · 114

오늘은 없다 · 116

엔드그레인 도마 · 118

유배지에서 · 120

어머니의 출입증 · 122

물의 방향 · 124

고장 난 피아노 · 126

적출(摘出) · 128

참회 · 130

팽이의 방정식 · 132

해설 | 전소영(문학평론가)

비가 내리고 나무가 자라는 쪽으로
돌아누우면, 보이는 마음 · 135

1부

용서하면 물이 된다

귀를 잘라서
죄를 덮을 수 있다면
오랫동안 살피지 못한 나를
만날 수 있겠다

용서받지 못한 채
거울을 보면
울고 있는 사람이 보인다

먼저 떠난 사람은
여러 번 읽어도 기억나지 않는 문장

쏟아지는 빗방울은
참회록 같아서
바닥에 닿으면 용서가 된다

용서받은 이들은
바다에 도착한 물에게
지난 일을 묻지 않는다

검은 숲

돌아보는 얼굴은
모두
내가
지나온 채널

눈 감으면
팔이 긴 나무가 나를 데려간다

나는 숲에서 논다

울면서 웃으면서
그늘은 흘리기도 한다

기억나지 않는
새, 나무, 얼굴들

어둠으로 버무려진 숲은
맨 처음 방처럼 아늑하다

서러운 행간을
침묵으로 견디면
유효기간은 금세 지나간다

날아오른 밤새의
먹이가 되고 남은 별들은
키가 작은 나무가 되기도 한다

혼자일 때
거울을 들여다보면
검은 얼굴의 나무 한 그루
긴 팔을 내두르며 걸어간다

꿈속에서 잃어버린
내 뒷모습
한 토막인지도 모른다

우울한 침대

나는 너무 멀다

전깃줄에 걸린 먼 산처럼
눈을 감아야 보인다

높이 솟구쳐 오른 직박구리가
구름에 날개를 비비면
비가 온다

지나온 기억은 빗물에 잘 녹아서
눈이 빛나는 아이들은
자주 손을 씻는다

숲에서 떨어져 나온 나무는
쉽게 비에 젖는다

말을 많이 한 날에는
어두운 숲을

울면서 걸어가는 소년처럼
나무도 빗소리에 흔들린다

집에 돌아와
젖은 몸을 누이면
눈물이 난다

뒤척일수록
무겁고 축축한
노래처럼

거울에 비친 생각

나는 귀가 두꺼워서
아무 소리도 들리지 않으니
귀를 접을 필요가 없다

말하지 않아도 읽을 수 있어서
거울에 비춰지는 것으로
표정을 다듬는 사람을 보면
나도
평면을 걸어가는 물처럼 출렁인다

빗물처럼 고이는 구석들

어디까지 반사된 영역인지
돌아보면 뒷모습만 남는다

뒷걸음질 치면 두려움에 걸려 넘어진다

눈물도 점성이 있어서

거울에 비추면 울음이 묻어난다

제 안에 길을 내지 못한 나무는
스스로 숲을 걸어 나온다

발바닥에 박힌 유리처럼
간간이 비치는 생각들

내가 읽은 나무

발목에 잠을 묶은 나무가 걸어간다

눈물을 손등으로 훔치면
쉽게 새벽에 도착한다

새벽은
잠 속에서 자주 만났던 방향

손가락이 가늘어서 쉬운 나는
빙하에 갇힌 무늬처럼
층층이 쌓인 전생

빗물에 젖은 종이처럼
부풀어 오르는 좌절감

물속에서 손목을 그으면
뿌리를 목에 감고
그네 타는 사람이 된다

나무로 보이지만
사람이라 불러도 괜찮다

노숙의 날들

액자에 갇힌 사람이 걸어간다
울타리로 프레임을 두르고
모서리에서 모서리까지

한 번 갔다가 돌아온 사람은 없다

안에서 밖에서
바람 부는 소리 들린다

별이 되지 못한 가로등이
울타리 밑에 눕는다

설움을 달래기에는 구석이 좋다

실패한 오늘이 모여드는 골목에는
어둠이 먼저 와서 기다린다

흐르지 못한 사람들이

서러움만큼만 창을 열고 내다본다

둥근 액자 속으로 뛰어드는 빗방울

오늘의 먹구름이 걷힐 때까지
잠으로 절망을 지우는 사람들

숲속의 풍경

그녀가
등이 휜 나무를 이야기했을 때
나는 눈 내리는 빙벽에서
새로 돋은 뿔을 살펴보고 있었다

나뭇가지에 매달린 고드름이
낮에도 뿔처럼 자랐다

희망은 왼쪽에 있는데
사람들은 정향나무 숲이 향기롭다고 했다

그들은 오른쪽,

그 길에는 눈동자 파란 뱀이
차가운 독을 뱉을지도 몰라

고양이 눈동자 익어가는 자정 즈음
닫힌 밤이 창을 넘는다

어둠의 종들은
밤을 맛있게 요리하고
숲이 되지 못한 나무는
스스로 밑동을 잘라
무게중심을 아래로 옮기기도 했다

소리의 방향

접었던 귀를 편다

멀리 있던 소리들이 몰려온다

처음 보는 풍경처럼
사방이 낯설다

들리거나
기억나는 쪽으로 움직이는 귀는
오른쪽이 주력이다

그래서 나무는
왼쪽으로 기울어진다

기울어진 나무가
비탈진 언덕을 오른다

조용하거나 혼자일 때

귀는 빨리 자란다

허리를 굽혀
발바닥을 더듬어 보면
숲을 벗어난 나무의 뿌리가 만져진다

잃어버린 목소리처럼
보이지 않는 신처럼
오래 접혀 있던 귀는
소리의 깊이를 잴 수가 없다

오늘의 표정

그림자가 사라지는 정오쯤
나는 나에게 가장 가깝다

거짓말처럼
만질 수 없는 나무의 표정

나무들의 출구는 어느 쪽일까

우르르 구석으로 몰려가는 나뭇잎

세상의 모든 길을 지우면
나에게 돌아갈 수 있을까

기침을 할 때마다
자꾸만 내가 사라지는 느낌

내가 지나온 나무의 통증이 만져진다

조금만 건드려도 덧나는 우울처럼
보이지 않는 상처는
쉽게 아물지 않는다

바닥을 뒹굴다가
말하는 법을 잊어버린 저녁이다

나무는 나무끼리 슬픔은 슬픔끼리

후,
먼지를 불면 바닥이 드러난다

무늬로 통하는 땅에서
아픔은 바닥의 또 다른 이름

이유 없는 불안이
오후의 햇살을 무릎에 앉힌다

오후에는 나를 고백하기에 좋다

닳은 손가락 지문에 설움을 감추고
오후 네 시쯤 사라지는 우리는
가끔
지도에 없는 길에서 화석이 되기도 한다

파리넬리의 울음이
강물처럼 흘러간다

사금파리별 하나
어둠을 마중 나오면
빈손의 사람들이
철겅철겅 집으로 돌아가
식탁 위의 꽃으로 피기도 할 것이다

늦은 속도로 사라지는 무늬들

깊은 상처는
어둠에 잘 녹아서
자세히 보아야 무늬가 보인다

시끄러운 책

벌떡
바깥이 일어선다

묶인 줄 알았던 벽들이
울타리를 타고 넘어 안으로 밀려든다

아무리 걸어도
목적지에 닿을 수 없는 길 위에는
개들이 자주 짖었다

속셈을 감추느라
말이 많아진 날에도
거짓말은 속도가 붙었고
자꾸만 두꺼워졌다

내일로
출발하기 전
어제의 마지막이 기억나지 않는다

만난 적도 없는 내일의 오후를 굴려본다

시간 지나 다시 또 어둠

동면하던 개구리들이 깨어나
논에서 부풀어 오른다

목적지를 잃어버린 길에는
붉은 혀들이 줄지어 피었다

버린 지 오래된 귀들은
아무 말도 담아오지 못했다

어둠에 스민 물처럼

나는
시작이
물이었으므로
물 있는 쪽으로 돌아눕는다

밤을 열면
구석으로 고이는 불빛들
어둠은
흔들리는 것들이 숨기에 좋다

새벽 두 시
가로등 밑을 걸어가는
사람을 보면
충혈된 눈동자가 읽힌다

어두운 골목을 벗어놓고
새벽 쪽으로 가면
쏟아지는 빗물에 벌레처럼 젖는다

오늘 밤이
무사히 지나갈 수 있도록
빗소리로
조용히 나를 지우는 중이다

터널

서른 살 아들이
책가방을 밀고 간다

유치원에서 대학원까지
마산에서 서울까지

등으로 지고 옮긴 나무가
숲을 이루고도 남겠다

주구장창 파고드는 지하의 동굴 어디쯤에서
반짝이는 금맥 하나 만날까

1차
2차
3차까지
일 년에 한 번 있는 시험에
간발의 차이로 미끄러질 때마다

뇌종양 수술받은 아버지 얼굴이
핼쑥해진 통장 잔고가
밑창으로 빗물 스며드는 낡은 신발이

시골서 보내준 밑반찬처럼
얇은 바닥을 드러낸다

지느러미를 벗은 물고기

공중을 헤엄치던 물고기가 쏟아지면 비가 된다

깊이를 알 수 없는 심해 어디쯤
잠시 지느러미를 벗어놓고
떠내려온 표정들이 비에 젖는다

남은 자들이
맞절 두 번으로
젖은 눈동자를 말리는 동안
웃고 있는 영정 사진 쪽으로 흘러가는 울음들

사방으로 흩어졌던 기억이 역류하는 통로에는
돌아오는 사람들이 서로 엉긴다

누구도 가보지 못한 세상의 끝
빗물 너머로 흘러내린 머리카락을 움켜쥐고
울음을 막는 목구멍

자꾸만 마른 손을 비비며
남은 시간을 당겨보는 손짓들

이미 굳어가는 육신을 눕혀놓고
또 내일을 궁리하는 우리는
어디를 향해 가는 중일까

신발장에 벗어놓은 지느러미가
빗소리에 가지런히 젖는다

# 2부

도하(渡河)

머리를 거울에 비추면 잠이 달아났어

병실 수납장에 넣어 둔
두개골을 꺼내 읽는 중이었지

스테로이드제와 타카 핀으로 붙인 문장은
들어낸 종양이 골자였어

종양을 덜어낸 자리는 웜홀처럼 눈부셨지

젊은 의사는
난독의 구간이라 말했어

내 과거에 대한
인과응보일 거라 생각했지

어디서 시작됐는지
균열의 근거는 보이지 않았어

머리를 화병에 꽂고
꽃이 피기를 기다렸지

꽃병의 모가지는 잘록해서
비틀기가 쉬웠거든

두개골이 열려 있는 동안 노래를 불렀어
눈을 감아야 들리는 노래

이제
눈 감은 것들의 생명력으로
청명한 내일로 갈 수 있을까?

설움이 흐르는 강가에는 가지 마

어쩌면
내가 먼저 네 안에

흐르고 있을지도 몰라

직박구리는 날고 나는 바라본다

창을 가로질러 새들이 날고
나는 턱을 괴고 앉아
살아있어 멀어지는 것들을 생각한다

숨 쉬는 것으로 하루를 위로받고
파도의 허리춤을 붙들고 견디는 난파선처럼
오늘을 안도한다

바다에 동화된 문양이 물비늘로 흐른다

살아있는 동안 해독할 수 있을까
발길에 차이는 돌멩이를,
길가의 풀들이 건너가는 방향을,

쥐며느리 한 마리 분주히 적막을 끌고 가는 모서리
버려질 것 같아서 스스로 그림자를 키우는 땅

창 너머엔 아직도 겨울

나는
두꺼운 외투를 걸치고 꽁꽁 온기를 묶는다

추운 날에도 새들은 날고
나는 바라보아야 한다

살아서는
벗어날 수 없는 숙명처럼

스테노카라[*]

나의 집은 안개 덮인 사막
하루에 한 번
세상을 들어야 물 한 방울 얻는다

해 뜨기 전
모래 능선 꼭대기에 닿아야 한다

해풍에 실려 오는 물안개에 생사가 달렸다

새벽마다
경사진 모래톱에 거꾸로 서서
한 방울 물을 얻어 연명하는 생

사방에 모래 귀신 즐비한 사막을
조용히 혼자 건너는 딱정벌레

먼 데서 동이 트면
이슬 한 모금 머금고

내일을 향해 가는
사막의 수행자

아무리 목이 말라도
물구나무로 사막을 견딜 뿐
나는
눈물로
나를 위로하지 않는다

* 나미브 사막의 딱정벌레.

황태

누가
나를 두들기나?
바다에서 뭍으로
뭍에서 첩첩의 골짜기로
거처를 옮기며
얼었다 다시 녹는
수행의 시간

살아가는 일은
자신을 제물로 바쳐
스스로 바람이 되어 가는 것

너른 바다
물속을 배회하던 눈동자들
덕장에 매달려
일제히 참선에 든다

굽은 등을 곧추세워

온몸을 매다는
즐거운 기투

얼고
녹고
다시 얼어
꾸덕해진 몸으로
겨울을 건너면
깊은 맛이 들까?

겨울은 깊고
나의 개종은
아직
멀었다

핼러윈데이

너는
호박 인형 열쇠고리를 검지 손가락에 끼고
피리 부는 사람을 따라갔다

시멘트 바닥에서
귀신을 흉내 내며 더듬었던 담벼락이
어둠에 버려진 나의 자화상이었음을
날이 새고 나서 나는 알았다

불러도 돌아오지 않는 사람을
한 묶음 꽃으로 묶어
울음이 고여 있는 바닥에 바친다

잠깐의 쉼표를 들고
막다른 골목으로 들어가던 너를
왜 말리지 못했는지

오랫동안 뒤춤에 감춘 너의 불안을

왜 좀 더 일찍 발견하지 못했는지

부끄러워 달그림자에 숨는 나를
물끄러미 바라보고 있을 너에게
나는 이제
어떤 내일을 말해 주나

나는
시멘트 바닥에 엎드려
오랫동안 일어나지 못했다

물의 밧줄

빗물을 밧줄 삼아
18층 난간에
나를 묶은 적 있다

머리를 들이밀었지만
몸이 통과하기엔
너무 좁은 창문

오며 가며
올려다보았을 위쪽

살면서 누구나 한 번쯤
눈을 감고
당겨보았을 끝자락

누구는
그 끝을 잡고
밤을 새운 적도 있으리라

겨우 중심 잡고 걷는 외줄을
거세게 흔드는 바람
출렁,
중심을 잃고
위태로운 하루

처제가 사라졌다

눈물을 유일한 무기로 삼아 세상을 건너던 처제가 보이지 않는다

방문을 잠그고 이혼을 말하며 벤틀리 컨티넨탈 지티 열쇠를 발가락으로 돌리던 그녀가 침대 밑에도, 자주 가던 뷰티 헤어 살롱에도 나타나지 않았다

첨부터 맨땅에 헤딩한 나에겐 뉴스거리도 아니지만
동서는 짐짓 잃어버린 처제를
아니,
보이지 않는 자동차를 수소문하고 다녔다

어쩌면 처제가 사라진 이유가 내가 던진 한마디 말 때문인지도 모른다고 생각했다 오래 부었던 보험을 해약하고 아무도 모르게 사라진 걸 보면 바싹 마른 삭정이 같은 그녀에게 엄청난 조직이 기름을 붓고 불을 질렀는지도 모른다

처제는 사라졌고 9급 공무원을 준비하던 딸은 고시원에서 엄마에게 편지를 쓴다

내가 나에게 죄지은 자를 사하여 주시고 나를 시험에 들지 말게 하시고 다만 악에서 구해 주소서, 전지전능한 어머니 이백만 원 월급으로 내 영혼의 모가지에 목줄을 걸고 당기는 절대자에게 줄을 서는 동안 어머니, 어머니는 왜 신음 소리도 새어 나가지 않는 암막의 고시원에 나를 가두셨나요

눈을 감고 헝클어진 실뭉치를 굴리는 방 안에서 벽을 더듬어 희망을 배양하는 달은 언제쯤 철이 든 처제를 돌려줄까

처제는 돌아오지 않고
빈 병 속 같은 하늘에 시큼한 별들만 반짝인다

오래된 규칙

실패한 문장은
기록되지 않는다

맨발로
절벽 끝에 서 본 적 있는 나는
가끔
입안에 고인 죽음을 헹궈낸다

한때
절망보다
더 빠르게 달린 적도 있다

어둠 속에 오래 머물다 보면
아무도 따라오지 못하는 속도가 생기기도 한다

손바닥으로 다 덮을 수 없는
나의 죄목들

어쩌면
지금
그 죗값을 치르고 있는지도 모른다

그런 나를 위로할 사람
오직
나밖에 없다

통과의례

대학병원 제2병동
7층까지 올라온 운무가
난간대를 붙잡고 버틴다

반만 열리는 창문을
층층마다 열어본다

행여나
몸뚱이 하나 밀어 넣을 수 있는지

이곳에서
온전함이란
이유 없는 죄의식 같은 것

죽음의 복선을 깔고
줄을 서서 대기하는 사람들

기다리다 지친 이들은

내생을 기약하며
집으로 돌아갔다

차도가 없는 환부를 안고
가쁜 숨을 몰아쉬는 여기는
병목현상 때문인지
밤 시간도 더디게 간다

집에 가자

크레졸 냄새 환하게 묻은 가로등이
자꾸
옷자락을 당긴다

모래비

사막은 늘 젖어 있다
알 수 없는 깊이로 내려앉은 붉은 바다 능선

아가미 벌리고 헤엄치는 구름과
지느러미 미끈한 모래톱에 몸 비비는
날 선 이빨의 바람이 산다

제 그림자에 젖은
무릎 깊이의 걸음들

발목을 묶는 사구에 밤이 들면
별빛은 꽃 피운다

밤에도 출렁이는 파도

굵직한 희망들이 여럿
사막의 발자국 속으로 침몰하기도 했지만
앞서간 걸음들은 바람의 뒤를 따라

사르락 가르락 쌓인다

젖은 눈이 마를 때까지 견딜 수 있다면
건너지 못할 바다도 아닌데

한 걸음 두 걸음 속절없이 젖어가는
너른 바다에 모래비 내린다

한 모금 별빛을 받아 마시고
갈증을 넘어간 이들이 흩날리는 것이리라

지워지는 발자국

오늘 밤 나도
이쯤에서 또 젖겠다

향나무에 갇힌 새처럼

죽은 나무에서 새를 꺼낸다

부드러운 살은 허물어지고
무겁고 단단한 목질만 남은
검고 야윈 새 한 마리

나무의 몸으로
숲을 통과하는지
시큼하고 알싸한 향이 코를 찌른다

무학요양원 93호실
녹차 받침 향나무 밑동에서
푸드득 날아오르는 새를 잡으려
허공을 움켜쥐는 아버지

얼마나 새가 되고 싶었으면
햇살 비친 손바닥에
진홍의 피돌기가 선명하다

눈을 감고
새, 하고 부르면
아버지 몸에서
오래 묵은 향나무 냄새가 났다

파도에 밑줄을 긋고

배수진을 치면
바닥이 보인다

한쪽이 아물면
다른 쪽이 덧나는 이 바닥

먼저 아파본 사람은
먼저 어른

무표정한 물의 속사정이
햇살에 비친 파도를 넘는다

죽을 고비를
몇 번 건너야
비로소
다녀온 사람

500톤 프레스에 눌려

뭉개진 손가락에서
갓 베어낸 풀냄새가 난다

고통은 어둠에 잘 녹아서
석양의 들판에 서면
눈물 같은 샛별이
조용히 마중 나온다

아직도 낯선

나무를 지나간다
내가 아는 사람은 모두 나무

제 몸속에 길을 감춘 나무를
맨손으로 만지면
물컹한 표정들

사람의 숲에서 비를 맞으면
혼자 떠돌던 나무 냄새가 난다

길을 따라 스며드는 빗방울

눈물은
역류하는 오늘의 감정

나무의 젖은 손을 잡으면
발끝에 뚝뚝 흘러내리는 사람

나무의 한쪽을 막으면
세상은 불통의 물관

어둠을 당기면
젖은 새벽이 달려 나온다

막다른 골목은
귓속말처럼 은밀하다

골목에서 사라진 아이들

누가 피리를 불었나

철철 울타리 밖으로
흘러내리는 명자꽃은

사람입니까
나무입니까

맹그로브

뿌리로 숨을 쉬는 생도 있다

척박한 땅에 난생의 몸으로 떨어져 망망한 대해를 떠돌다 다다른 지표면
붙잡을 피붙이 하나 없는 물컹한 진흙 바닥에 그래도 단단히 뿌리 내렸다

눈물보다 짠 바닷물이 푸른 혈관의 통로를 지나 두꺼운 손가락 마디 끝
꽃잎으로 빠져나오는 수변
성성한 자식들 뭍으로 내보내고 맨몸으로 파도를 견뎌온 나무
밀물과 썰물이 수시로 드나드는 간석지에서
나무로 살아가는 일이 속내를 숨기고 혀를 깨무는 여정이라지만
얼마나 숨쉬기 버거웠으면
혀를 뿌리처럼 물 밖으로 밀어 올려
가쁜 숨을 내뱉었을까

울먹이는 누이의 손을 잡고
어둑한 맹그로브 숲으로 들어가는 저녁
요양원의 긴 복도를 따라
수면 위로 뿌리를 드러내고
가쁜 숨을 이어가는 수척한 아버지

이불 같은 밀물이 밀려와
머리끝까지 아버지를 덮고 있다

지나가는 나무

창밖에
비에 젖은 나무가 간다

나뭇잎으로
밤을 새워 흐느끼는 나무
새벽이 가깝다

빗소리에 헹궈낸 나무를
거울에 비춰 본다

빗물에 젖은
손바닥을 비비면
흘러내리는 죄목들

빗물에서
오래 묵은 먼지 냄새가 난다

초라한 자신을 감추려고

말을 많이 한 날에는
어둠 속으로 숨고 싶어진다

그래도 날은 밝고
내일은 온다

거울은 아무리 닦아도
거짓말을 하지 않는다

빙하

쉬지 않고 흘러간다

바다으로
좁은 문으로

헐거운 외투를 걸치고
주머니에 흥건한 좌절을 말리며
등에 진 무게로 가라앉는 아이들

푸른 결기를 접고
손목을 그을까 말까

미지근한 물로 세수를 하면
물컹한 다짐만 남는다

여러 번 실패하면
눈뜬장님이 된다

길을 잃은 아이들
발목에 족쇄를 달고
빙편처럼 밀려간다

외우다 만 공식처럼
죽어서 다시 흘러야겠다고
더러는
자기소개서를 고쳐 쓰기도 했다

3부

새벽의 고백

지독한 아픔은 기도가 된다

눈앞이 캄캄할 때
바닥까지의 거리는 가깝다

어두울수록
부끄러운 내막을
고백하기에 좋다

세찬 비바람을 견디며
뿌리를 키우는 일은
살아있는 것들의 숙명

잠에서 깨면
정갈하게 머리를 빗는다

부르지 못할 후렴구는
아무리 연습해도

오늘에 도착하지 못한다

실패는
한낮의 소나기처럼
예고 없는 손님이라서
절망의 행간에는
길을 잘못 든 사람들로 붐빈다

지은 죄를 감추고
숲속을 걸어가는 나무들

안개로 덮고
이슬로 씻어도
주머니에 쌓이는 먼지처럼
나는
죄를 껴입고 살아가는 나무

날이 밝으면

짙은 그림자로 따라붙는
또 하나의 죄목

나무의 내막

오늘은 견디는 것

울타리 너머로 걸어가는 것

눈을 지우고
귀를 지우고
생각을 지우면 너에게 도착한다

사람을 번역하면 아픔

막막한 얼굴로
어두운 숲을 만나면
우리는 나무가 된다

나뭇잎의 표정으로
내일을 여는 사람들

숲에는 문이 너무 많아

어디로 사라졌는지
찾을 수 없어서
나도 가끔 다정할 때가 있다

희미한 지문을 따라가면
막다른 벼랑

사람의 등을 쓸어보면
묵은 나무의 등뼈가 만져진다

어둠의 행간

밤은
내게 다가가기 좋은 행간

귀를 접고
눈을 감고
입을 닫고 걸으면
가장 솔직한 나를 만난다

표정을 감추면 진중해 보인다

환한 대낮보다
혼자 남겨진 밤에 더 솔직해진다

평화롭던 숲은
이미 지나온 풍경

어둠 속에 오래 있으면
표정으로도 말을 할 수 있다

결핍으로 젖은 골목처럼
끝이 보이지 않을 때
가로등 밑에서
잠을 청하는 사람들

아직
갈 길이 멀다

그림자의 채널

새벽 두 시 삼십 분
으슥한 산책길로 들어가는 남자
스텝이 꼬인다

코로나 시절 지나며
목젖까지 차오른
대출금 연체이자와
하루가 다르게 자라는 뇌종양에
삶의 발기력은 시들어 간다

이 나무에서 저 나무까지
남겨진 식솔들이 따라온다

남자는
어떤 죄목으로
신에게 버림받은 것일까

불가항력의 하루

한 뼘도 안 되는 죽음을
여러 번 밀었다 당겨본다

어둠을 건너던 새들이
이승을 벗어나는 중인지
남쪽으로 줄지어 간다

혼자 비를 만났습니다

비가 오는 밤은 울기에 좋다

오늘의 짐을 내려놓고
어둠 속에 서면
빗물이 나를 안고 흘러간다

살아서는 벗어날 수 없는 오늘과
처음부터 물이었을 모든 빗방울의 과거와
어둠이 걷히면 발각될 팅팅 붇은 슬픔과
먹구름이 물러간 잠깐 동안

키가 큰 종족처럼
허리를 굽혀
혓바닥으로
발등을 핥을 수 있었다면
나는 이미
물이 되어 있을 것이다

물끄러미

겨울 아침을 걷다가
햇살 좋은 양지에 웅크린 고양이와 눈이 마주칠 때
나는 지나간다

나와 고양이의 거리를 관심이라 부를 때
서로 당기는 시선은 침묵

모래알 흩날리는 언덕에서
우리는 얼마나 오래 반짝일 수 있을까

주소도 없이 떠돌다 만난 우리는
모양과 색깔이 다르고
같은 목적지를 바라보는
닮은 듯
서로 다른
행성

새를 열다

내가 아는 새를 만났다

대성약국 지나
이편한치과를 지나
집현전 독서실을 지날 때까지

새는 날지 못한다

날아오르지 못하는
새를 폐기한다

폐기된 새가 식는다

차가워진 새를 움켜쥐면 표정이 없다

손바닥 지문 사이로 사라지는 새를
반짝이는 새벽별로 붙잡아 두거나
한 묶음 여명으로 묶을 수 있다면

닫힌 문이 열릴지 모른다

새와 나의 궤적이 교차하는 공간

같은 나무에 둥지를 틀고
서로 다른 쪽을 보는 우리는
자주 실패한다

새와 나의 간극은
나무와 나무 같은 것

새를 열어본 뒤
나는
숲이 아름답다는 말을 했다

침향처럼

나 대신 울어줄 나무가 필요해

나무는 바깥
나는 안쪽을 바라보면
우리는 대내외적인 사이

낡고 통 넓은 군복 바지를 입고
발목을 접어 넣으면
가볍고 잘록해지는 오늘

밖에서 보이지 않는 무늬는
아직 덜 자란 나무
위축된 오늘이 만져진다

상처로 목심을 키워
향기를 얻은 나무는 무겁다

뒤틀린 나무를 들여다보면

어둠 속에서 바닥을 친 흔적들

마지막이라 느낄 때
어둠을 비집고 움트는 싹

새로 돋은 나뭇잎으로
입술을 닦으면

산통을 지나온
사람 냄새가 난다

데린쿠유*에서 온 여자

까막눈인 그녀는
어둠의 농도를 더듬어 생의 행간을 읽고 날마다 생계 유지의 긴 통로를 팠다

팔을 뻗어 허공을 내젓지 않아도 몇 번 눈을 감았다 뜨면 어둠에도 내성이 생기는 법

살아가는 것은 어둠을 더듬어 막막한 절벽에 깊고 선명한 길을 내는 일

생의 온갖 박해를 피해 미로처럼 연결된 골목을 따라 가파른 계단을 오르느라 그녀는 허리 한 번 제대로 펴지 못했다

비상 탈출구 하나 없이 빛도 들지 않는 지하의 삶을
새벽부터 늦은 밤까지 오롯한 맨몸으로 신앙 같은 세월을 견뎌온 여자가
허리 굽은 지하의 수행자처럼 스스로 파낸 동굴로 든다

아직도
정화수 한 사발 떠 놓고 숭고한 기도를 골다공의 뼈마
디에 숨긴 그녀가
또 다른 지하 도시 어느 방으로 건너가는 중일까?
허리를 펴지도 못하는 그녀가
홀로 텅 빈 사각의 방안에 든다

* 튀르키예 카파도키아에 있는 지하 도시.

리모델링

중환자실 앞에서
나를 본 그녀가
밤을 건너온 지평선처럼 울었다

두꺼운 벽을 자르고 종양을 꺼내고
다시 스테이플러로 붙여놓은 두개골

창밖에서
달빛이 수시로
벌어진 상처를 살펴보고 갔다

조금씩 벌려 주는 틈으로
내가 누운 침대가 들어갔다

이젠 죽을 수 있겠구나

모두 잠든 병실에서
붕대로 동여맨 머리를 만져보았다

골조만 남겨두고 안을 들어낸 집처럼
앙상한 두개골 벌어진 틈으로
철 지난 기억 쪼가리들이 흘러내렸다

고독은 뿌리가 깊은 나무 같아서
바람이 불어오는 길목에서도 잘 자라는지
울먹이던 그녀가
눈을 감고 만져보는 내 안에
홀로 서 있는
옹이로 굵은 나무 한 그루

멸치의 꿈

이 바닥에서 나는
잔챙이라 불린다
한때는
반짝이는 물결무늬 옷을 해 입고
힘차게 파도를 넘는 꿈을 꾸기도 했지만
덩치가 산만 한 고래를 보고 난 후 이내 기가 죽었다
그나마
고만고만한 동류들이 있어 견디고 있는 중이다

물속 세상에서
거센 해류를 거슬러 오르는 것은
스스로 살아있음을 증명하는 일

식탁에 오르기 전까지
온몸의 근육을 키워
뼈대 있는 존재로 역사에 기록될 수 있기를,

그 한 가닥 희망을 안고

스스로 소실점이 되는 생

아무리 발버둥 쳐도
끝끝내
고래가 되지 못하는 내가
살아남는 법은

속으로 스며들어
깊은 맛을 내는 종족으로
이름을 얻는 것이다

독백

오래전
나를 울어줄 나무를 심었다

그를 위해서 일을 하고
참고
밥을 먹었다

이파리를 흔들며
꽃을 피우고
밤새도록 짙은 향기를 흘렸다

향기를 액자에 넣고 벽에 걸었다

한 방울씩 떨어지는
진심을 느끼며
나는 나에게
이제
울지 않아도 된다고 말한 적도 있다

일주일에 한 번쯤 물을 주는 나는
이제
새벽이슬로 그와 겸상을 한다

기쁘거나 슬플 때
가장 가까운 친구는
여러 겹의 나이테를 걸어
나에게 와 준 나무다

어두운 공원에서
비 내리는 처마 밑에서
노을 지는 강둑에서

내 곁에 있어 준 그를 위해
나도 이제
울어줄 준비를 해야겠다

환승

혼자 놀고 있었다
애벌레의 몸속에 알을 낳은 기생벌처럼
허기진 배를 채우고 나면
이제 스멀스멀 꽃에 들 시간

어제의 기억을 떠올리다
탈피 중인 나비를 만났다

오랜 묵언수행을 지나
긴 혼돈의 몸통을 빠져나오는 애벌레

너는
커다란 알을 내 두개골에 슬어놓고
어딜 갔다 온 거니?

문이 열리는 방향에 따라
자리를 옮겨야 하는 세상

몸에 꽉 끼는 이승을 벗고
이젠 날개를 달아야지

서러움 밀려오던 바닥을 지나
꽃대를 기어오르던 기억을
잊을 수 있을까?

아직도
꽃에 들지 못한 벌레가
또 다른 숙주를 찾아가는 밤
부풀어 오르는 등이 가렵다

가면무도회

마스크 좀 써줄래?

몰랐구나

여기선
가리는 게 규칙이야

—백성들이여
마스크를 끼고 움직이지 말지어다—

누가
맨얼굴로
거리를 활보하나?

끝끝내
들키지 않아야 한다

그놈에게

들키지 않는 법은
얼굴을 가리는 것

마스크를 벗는 대가는
나를 제물로 바치는 일

얼굴로 승패가 결정되는 땅에서
마스크를 쓰고
동시에 출발하는 건
절호의 기회,

어쩌면
공평한 세상이 올지도 몰라

룰 루 라 라

어이, 거기

마스크 좀 써 줄래?

그래,
너는
참
예의가 바르구나

4부

인큐버스

욕망은 언제나 주머니 속에서 부풀었다

먹이 사냥은 밤이면 충분했고
목적지는 잠 속이나 꿈속에서 더 가까웠다

혼미한 상태였으므로
어둠의 시간을
초조해하거나
뜨거운 눈물을 원하지 않았지만
혼신의 힘을 다해도 건널 수 없는
진폭이 큰 잠 속이었다

인간계와 다른 체위를 감당하느라
깊고 긴 몸살을 앓기도 했지만
그 맛에 길든 청춘들은
잠 속에 짐을 풀고
요란한 뒤틀림을 즐기기도 했다

소리 내지 않고
언덕을 넘어가는 밤도 있었지만
어둠에 특화된 종들이
빛이란 빛을 모두 잠근 뒤였다

눈이 부신 꿈속을 거부할 수 없었고
터널을 지나면 마지막 행선지는 언제나
어둠의 침실로 연결돼 있었다

무수한 애인들이
이명을 가로지르는
혼몽의 피리 소리를 따라갔다

잠 속에서
부풀어 오른 욕망들이
기어이
번식하는 몽마의 형식에 빠져들고 있었다

반쯤
눈을 감은 채,

팬데믹

캄캄한 대낮
해가 떠 있어도 환하지가 않았다
웅성거리는 그림자만
너른 광장에 짐을 풀었다

어둠이 점령한 공간
사방에
숨죽인 고요가 만져졌다

소리를 질러도 들리지 않고
도망쳐도 따라붙는 꿈속 같았다

아우성도 가라앉은 적막한 거리에서
비상구를 찾던 사람들은
저마다
낯선 무늬의 마스크를 쓰고
눈치를 보면서 집으로 돌아갔다

황망한 길 위에
충혈된 눈동자만 뒹굴었다

꼭꼭 숨어
들키지 않아야 살아남을 수 있는
무기력한 꿈속에서
도망쳐 내달리던
바로
그날 같았다

비의 둥지

비에 젖은 새를
열어 본다

고개를 들고
밖에서 돌아오는 이들은
둥지에 들기 전
제 매무새를 다듬는다

빗소리를 물고
집으로 돌아가는
직박구리의 생각이 젖는다

빗방울의 외곽을 따라
그림자도 둥글어지는 시간

새 한 마리
내 뼈를 그러모아 둥지를 틀고
텅 빈 안쪽을 응시한다

나는
어두운 방 안에 앉아
젖어도
눈물이 스며들지 않도록
꼭꼭 날개를 여미는 중이다

오늘은 없다

보이지 않는 밧줄에
발목이 묶인 채 끌려간다

세상은
한 치 앞도 보이지 않는 안갯속처럼
아무리 조심해도 발이 빠진다
한 가닥 희망의 끈을 잡고
오늘을 건너가는 사람들

묶인 줄을 풀고
푸른 숲으로 날아가
돌아오지 않는
새들의 안부가 궁금하다

지우면 나타나고
움켜쥐면 사라지는 오늘은
어디로 연결된 실마리일까

모래알 같은 시간을
두 손으로 쓸어 쥐면
주르르 흘러내리는 생각들

생겨나고 사라지는
상심과 기쁨이 교차하는 여기는
누구의 책 속일까

아무리 당겨도
끝이 보이지 않는
진혼의 물속 같다

엔드그레인 도마

돌아서거나
얼굴을 가리는 것으로
마음을 숨길 수는 없다

세우거나 눕혀도
우리는 서로
속까지 들여다본 사이

격자무늬로 살거나
좀 헐겁게 끼워 맞춰 살아도
마름모로 배열되어 붙을 때
우리의 결집은 단단해진다

정답이 없는 들판에
따로
또 같이 앉아
서로
환한 등을 대보는 나무의 저녁

때로는
서서 견디는 생이
단단할 때도 있다

유배지에서

 집을 떠나온 지 오래되었네. 기억나지 않는 전생을 더듬어 흘러 어디선가 보았을 꽃 한 송이 지나, 무너진 성벽 지나, 나는 나를 여행하는 중이네. 여태껏 한 번도 나는 나를 만나지 못했고 바람에 흔들리는 내 심장 소리를 듣지도 못했네. 이유를 묻지 않았네. 내가 지나온 마을과 사람들, 새들이 나보다 먼저 나를 만나고 오는지 먼 길 갔다 돌아오는 바람의 등이 휘어 있었네.

 슬퍼하지 않았네.

 어제는 방금 지나간 내 발자국 하나를 발견했네. 아직 남아있는 온기를 뒤지다 잠에서 깨어났네. 무지개를 잡은 것처럼 몽롱했네. 기뻤네. 밖으로 뛰어나가 불렀네. 내 이름을 불렀네. 목이 터져라 불렀지만 아무도 돌아보지 않았네. 나는 아직 나를 벗어나지 못했네. 이름을 지니지 못하고도 나를 만날 수 있다면 무명의 벌레로 바닥을 기어도 좋겠네.

 오늘 다시 짐을 싸서 걸었네. 어둠이 비켜서지 않아도

쉬지 않았네. 나를 만나면 나를 힘껏 껴안아 등 두드려 데려오고 싶네. 등이 굽은 고양이를 만나 길을 물었네. 혹시 나를 본 적 있는지, 그는 나를 유심히 쳐다보았지만 그는 내가 아니었네.

나는
내일 또 나를 찾아 떠날 생각이네.
가장 낮게, 아주 조용히 나를 찾아갈 것이네.

기어이
쓸쓸한 나를 만나 끝끝내 고독으로 나를 완성할 것이네.

어머니의 출입증

어머니 사진 찍는다
평소 가장 아끼던 옷을 꺼내 입고
잘 익은 고추 색으로 입술 바르고
고개를 똑바로 들어
하나, 둘, 셋

웃는다
바다를 배경으로
오래된 틀니가 헐겁도록
환하게 웃는 어머니 사진을
컴퓨터 바탕화면으로 띄웠다

또 다른 세상의 출입증 같은 사진 한 장
세상살이에 얼마나 애를 썼으면
어깨가 한쪽으로 쏠렸을까
지치고 힘들 때는
한 번쯤 건너뛰고 싶었을 세상살이

기울어진 어깨에 얹힌 짐 훌훌 벗으면
걸어온 길들이 얼굴에 주름으로 남아
낯선 저승길도 환하게 밝힐 것이다

컴퓨터 화면 속에서 환하게 웃는 어머니
어머니 가실 때
출입증 그 뒷면에다
유성펜으로
연락처 하나 적어두어야겠다

물의 방향

발목 쪽으로 흐르는 그는
밑바닥 표정만 읽힌다

새들의 새벽과
어제 죽은 사람의 오늘처럼
머물지 않는다

어둠
새벽
새소리에 집중해야 보이는 그는
자주 모습을 비운다

비 내리는 밤은 어디서 흘러왔는지
혼자 있을 때 더 기운다

서로 마주 보며 어깨를 기대는 동안
어제는 흘러간 얼굴이 된다

국경이 없는 물의 입장에서
나는
수시로 사라지는 무늬

내 얼굴이 기억나지 않는다

얼룩진 소매로
흐린 시야를 닦으며
집으로 돌아가는 사람들

글썽이는
바닥에 닿을 때까지
아무리 조용히 걸어도
젖은 표정은 쉽게 들킨다

고장 난 피아노

보이지 않는 줄을 움켜쥐고 당긴다

누가 이기고 지는 것이 없이
프로그래밍된 기계처럼
시간을 견디고
분노를 견디며
용서가 필요 없는 영역에서 논다

버킷 리스트는 한물간 놀이법

혀를 깨무는 것은
요즘 트렌드가 아니다

머리를 기르면 용서받을 수 있을까

망가진 피아노를 연주하는 사람들

고장 난 건반에서

이탈된 아이들이 자란다

조율이 필요할까

고개를 가로젓는 어른들

손을 뻗어도
잡히지 않는 음계가 지나간다

적출(摘出)

오래 우려낸 곰탕에서
뼈를 건져 낸다

제 안의 것을
남김없이 주는
바람구멍 숭숭한 뼈

간간이 붙어 있던 살점 하나도
말끔하게 발라 넣고
뼛속까지 우려낸 솥단지를 들고
어머니
엉거주춤 걸어 나온다

골수가 빠져나간
골다공의 뼈마디로 지탱하기엔
이제 너무 무거운 세상

아직 여물지 않은 자식을 위해

골수마저 뽑아주고
바람구멍 숭숭한 몸으로
휘청휘청 위태로운 어머니

붉은 석양이
발간 눈시울로
어머니의 저녁을 건져 올리고 있다

참회

죄가 묻은 손을 씻느라
잠에 들지 못한 밤에는
새벽닭이 일찍 울었다

눈물은 살아있다는 증거

꽃이 향기로 울고
새가 소리로 우는 동안
우리는
건너가고 건너온다

어떤 울음은
새벽까지 따라왔다 돌아가기도 한다

눈물은 주관적
울음소리로
슬픔의 크기를 가늠할 수 없지만

저마다
눈물로 지은 죄를 덮는다

여명이 새벽을 당기는 시간

어제의 죄를 용서받기도 전에
다시 접었던 귀를 편다

나는
죄가 많아 말이 많은 사람

아무리 떠들어도
죄를 감출 수 없을 때 비가 내린다

입술을 깨물며
손을 씻으면
눈물처럼 흘러내리는 죄목들

팽이의 방정식

침묵으로 맹렬한 생이었다
직립으로
살아 있음을 증명하는 종족

중심이 흩어질수록
기립에 온전히 몰입하기는 힘든 법

살아가는 것은
발끝으로 서서
반듯하게 자신을 세우는 일

눈에 보이지 않는 힘이
묵언의 정진으로 깊어진다

무학요양원 백로실
오래 돌던 팽이 하나가 요동친다

한평생

가쁜 숨을 삼키며 돌아가던 팽이가
적막을 덮고 고요해진 저녁

이제
그녀
숨죽여
돌지 않아도 되겠다

| 해설 |

비가 내리고 나무가 자라는 쪽으로 돌아누우면, 보이는 마음

전소영(문학평론가)

건설적인 고독

 여기 한 사람이 있다. 보편적인 성공의 기준에 맞춰 인간의 삶을 재단해야만 한다면 그는 실패한 자에 가까울지 모른다. 살아가는 내내 자신이 태어난 시골의 경계를 넘지 않았고 생의 많은 시간을 고독 속에서 소요하며 보냈다. 이웃들은 그런 그를 괴팍한 은둔자라고 불렀다. 그 자신도 스스로를 가정교사, 측량사, 정원사, 농부, 그리고 엉터리 시인이라고 평가하였다.
 다만 그가 세상을 떠난 지 십 년 후, 사람들은 흔적으로만 남은 그의 집터에 돌탑을 쌓으며 뒤늦게 그를 추억하기 시작했다. 그로부터 더 긴 시간이 흐른 2020년대의 초입에서는 그 사람에 관한 이런 이야기가 많은 이의 외로운 마음 안에서 포개어졌다.

"우리는 소로가 창안한 '건설적인 고독'으로부터 많은 것을 배울 수 있다(And we can learn a lot from what Thoreau created from it: constructive solitude)."[1]

2020년 봄 《뉴욕타임즈》에는 '그 사람', 바로 헨리 데이비드 소로(Henry David Thoreau)의 삶과 태도를 재발견할 필요가 있다는 취지의 글이 실렸다. 그 글의 필자는 거기에 '건설적인 고독'이라는 표현을 남겨두었는데, 당시 이 말에 공감을 표시하는 이가 많았던 이유는 그때의 우리가 격리가 일상이자 미덕이 된 감염병 시대의 주민이었기 때문일 것이다. 그 후로 시간은 다시금 한참을 흘러 오늘에 도착했지만 우리는 여전히 소로를 읽고 그의 고독을 돌이킨다.

매사추세츠주 콩코드 마을 근처의 월든 호숫가. 그 땅을 빌려 통나무 집을 짓고 홀로 사는 동안 소로는 생존을 위한 활동을 최소한으로 줄였다. 대신 자기에 관한 사유에 대부분의 시간을 할애하기로 했다. 어떻게 살지, 가치 있는 삶이란 무엇인지 찾기 위해 의도적으로 자신을 유폐하

---

[1] Holland Cotter, "Lessons in Constructive Solitude From Thoreau", The New York Times, April 9, 2020.

였던 것이다. 그리하여 그는 종종 은둔자나 염세주의자로 오인되기도 하지만 사실 그의 고립은 주변과의 철저한 단절을 위한 것이 아니었다.

오히려 그는 그 기간 동안 사람과 자연에 대해 끊임없이 생각했다. 물질, 편의, 발전 등의 단어로 점철된 문명 속에서 도리어 본질을 잃어가는 자신과 이웃을 아프게 떠올렸고, 인간이 상실한 것을 되찾기 위해 사위의 자연을 섬세하게 바라보았다. 계절의 변화와 함께 높아지고 낮아지는 호수의 수심이나 수다한 새들과 곤충들, 그들을 키워내는 나무 같은 것을 말이다.

그런 연후에 그가 도착한 결론이 이와 같았다. 자연은 사람이 망각한 본성을 지니고 있기에 우리는 그를 가까이해야 하며, 그와 닮기 위해 애쓰다 보면 잃어버린 소중한 것들을 되찾게 되리라는 것. 소로의 고독이 건설적이었던 까닭은, 문명을 이탈하여 자연 속으로 들어간 그가 이처럼 인공의 삶 안에서 희미해져 가는 중요한 진리를 새삼 붙들었기 때문이다.

남상진 시인의 세 번째 시집이 바로 이러한 소로의 사색을 떠올리게 한다. 시집에 누벼진 화자들은 자신을 비롯한 인간의 삶을 성찰하기 위해 자발적으로 건설적인 고독 안에 거주한다. 이 숙고의 과정에서 돋을새김 되는 것이 물, 비, 나무, 숲 등의 이미지인데 이는 단순히 화자 외부에 놓인 환경을 지시하는 것이 아니다. 이때의 자연은 문명화된 인간의 반대편에 놓인 것, 그리하여 인간이 회복해야 하는 가치가 무엇인지를 기꺼이 알려주는 인도자에 가까워 보인다. 언젠가의 소로를 깨운 그 빛나는 월든의 호숫가처럼 말이다.

나무와 빗물이 나를 데려간다

    돌아보는 얼굴은
    모두
    내가
    지나온 채널

    눈 감으면
    팔이 긴 나무가 나를 데려간다

    나는 숲에서 논다

    울면서 웃으면서
    그늘은 흘리기도 한다

    기억나지 않는
    새, 나무, 얼굴들

어둠으로 버무려진 숲은
맨 처음 방처럼 아늑하다

서러운 행간을
침묵으로 견디면
유효기간은 금세 지나간다

날아오른 밤새의
먹이가 되고 남은 별들은
키가 작은 나무가 되기도 한다

혼자일 때
거울을 들여다보면
검은 얼굴의 나무 한 그루
긴 팔을 내두르며 걸어간다

꿈속에서 잃어버린
내 뒷모습
한 토막인지도 모른다
-「검은 숲」 전문

시집의 진입로에서「검은 숲」을 먼저 꺼내드는 것이 좋겠다. 이 시가, 시집 전체에 가로놓인 자연의 함의를 생각하게 하는 까닭이다. 첫 연에서 화자는 어떤 반추의 순간에 놓여 있다. "돌아보는 얼굴"과 "모두", "내가", "지나온 채널" 사이에 가로놓인 깊고도 넓은 행간이, 지나온 세월을 회한 속에서 천천히 돌아다보는 화자의 모습을 그려보게 한다. 그 회고의 여정 끝에서 화자가 문득 눈을 감았을 때 "팔이 긴 나무"는 그를 숲으로 데려간다.

여기서 '나'를 감싸 숲으로 데려가는 나무는, 그를 내면 깊은 곳으로 인도하는 다감한 안내자처럼 보인다. 그러고 보면 그럴 때가 있다. 비탈진 일상 위을 허정허정 걷다 지쳐버린 마음을 말리기 위해, 우리는 한갓진 숲의 복판이나 강의 기슭, 적막한 바다의 모래를 찾아 헤매기도 하는 것이다. 팔이 긴 나무의 이미지는 그러한 순간을 환기하는데, 자연은 이처럼 인간의 외면보다는 내면과 접속하는 장소 — 내면으로 난 비밀스러운 문을 열어주는 매개가 되곤 한다.

이 시의 '나'가 나무를 따라 도착한 숲 또한 자신의 내면이어서 그는 "어둠으로 버무려진 숲"에서도 두려움보다는 아늑함을 느끼며 논다. 다만 그의 놀이에는 웃음뿐 아니라 울음도 동반되는데 숲에 '나'의 비애가 고여 있기 때문이다. 바쁘게 흘러가는 생활은 우리에게서 슬픔을 토로할 기회조차 앗아가곤 하지만, 그렇게 삼켜진 슬픔은 사라지는 대신 우리의 마음에 고여 "서러운 행간"으로 남기 마련이다.

그러나 나무가 '나'를 내면의 설움과 직면하게 하는 이유는, 화자가 고통에 잠식당하기를 바라서가 아닌 것이다. 심연의 아픔과 괴로움을 마주하고 감내할 용기를 지닌 이에게 그것의 유효기간은 그다지 길지 않거니와, 그 견딤의 경험이 삶에 이롭게 남아 미래의 자신을 위한 동력이 되어주는 까닭이다. 이를테면 어둠 속에서 '나'를 다시금 날아오르게도("밤새의/먹이가 되고") '나'를 겸허하게, 단단하게 살아가게 할 수도 있겠다("키가 작은 나무가 되기도 한다").

비가 오는 밤은 울기에 좋다

오늘의 짐을 내려놓고
어둠 속에 서면
빗물이 나를 안고 흘러간다

살아서는 벗어날 수 없는 오늘과
처음부터 물이었을 모든 빗방울의 과거와
어둠이 걷히면 발각될 팅팅 불은 슬픔과
먹구름이 물러간 잠깐 동안

키가 큰 종족처럼
허리를 굽혀

혓바닥으로

　　발등을 핥을 수 있었다면

　　나는 이미

　　물이 되어 있을 것이다

　　　　　　　－「혼자 비를 만났습니다」 전문

「검은 숲」에서 '나'를 내면의 숲으로 이끄는 나무의 이미지는 「혼자 비를 만났습니다」에 이르러 내리는 비의 형상으로 변주된다. 옮긴 시의 '나'는 비가 내리는 날을 골라 혼자 울기로 한다. 비와 눈물이 같은 성질의 것이어서 앞의 것이 뒤의 것을 부르는 까닭이다. "모든 빗방울"은 처음에는 어디든지 흘러갈 수 있는 자유로운 물이었겠다. 그러나 비는 지상에 내린 물, 지상의 중력이라는 운명에 따라 수직하강해야 하는 물이다. 인간 또한 그와 다르지 않아서 "살아서는 벗어날 수 없는 오늘"의 중력이 '나'를 생활 안에 정박시킬 때 고단하고 외로운 '나'는 속절없이 눈물을 흘린다.

다만 비 내리는 날은 '나'가 "오늘의 짐을 내려놓고" 울면서 "어둠이 걷히면 발각될 팅팅 불은 슬픔"에 장악된 내면 깊숙이 발을 들이는 날이기도 하다. 그리고 거듭하지만 인간이 자신의 내부 세계와 깊이 조우할 수 있을 때, "먹구름이 물러간 잠깐 동안"일지라도 자신의 고통에 직면할 수 있을 때, 그 경험은 제 주인을 성숙하게 만들어 줄 수 있는 것이다.

  이 시의 화자가 마지막 연에 이르러 "키가 큰 종족"이 되는 상상력 속에 자신을 두는 이유가 여기에 있다. '나'는 희망한다. 키가 커질수록, 즉 성장한다고 해서 하늘을 향해 고개를 드는 오만한 자가 아니라, 갈수록 겸허해진 끝에 "허리를 굽혀" 가장 낮은 곳의 "발등을 핥는" 자가 될 수 있기를.

자연 쪽으로 돌아누울 때 보이는 것들

    나는
    시작이
    물이었으므로
    물 있는 쪽으로 돌아눕는다

    밤을 열면
    구석으로 고이는 불빛들
    어둠은
    흔들리는 것들이 숨기에 좋다

    새벽 두 시
    가로등 밑을 걸어가는

사람을 보면

충혈된 눈동자가 읽힌다

― 「어둠에 스민 물처럼」 부분

이쯤에서 '나는 시작이 물이었다'라고 단언하는 화자의 시를 만나보는 것이 좋겠다. 옮겨낸 「어둠에 스민 물처럼」에서 '나'는 자기 존재의 기원을 물에서 찾는다. 한때는 물을 등지고 있었으나 이제 물 쪽으로 돌아눕겠다는 것이다. 이 단언은 의미심장하다. 이전 시집 『철의 시대 이야기』(창연, 2019)로부터 이어지는 시인의 마음이 그 배후에서 아른거리는 까닭이다.

전작에서 인간을 진보하게 한다는 명목으로 만들어진 물질문명이 오히려 인간을 소외시키는 양상을 그려냈던 남상진 시인은, 이 시집에 이르러 자연 쪽에서 인간을 바라보며 바람직한 삶의 좌표를 설정하고자 하는 의식의 행보를 보인다. 그를 염두에 둘 때 겹쳐지는 이가 "물 있는 쪽으로 돌아눕"기로 한 이 시의 화자인 것이다.

그렇다면 그의 결심은 무엇으로 실천되는가. 해가 지자 '나'는 거리로 나와 소요하는데, 그의 산책은 해질 무렵의 밤의 입구에서 시작되어 새벽까지 오래 이어진다. 그러다 그는 어둠 속으로 숨어든 "흔들리는" 존재의 기척을, 가로등 불빛 아래서만 잠시 보였다가 사라지는 누군가의 "충혈된 눈동자"와 찰나의 슬픔을 발견하는 것이다. 이것이 '어둠에도 스밀 수 있는 물'의 의미, 어디로든 흘러갈 수 있고 무엇이든 포용할 수 있는 특성이겠다.

> 깊은 상처는
> 어둠에 잘 녹아서
> 자세히 보아야 무늬가 보인다
> ―「나무는 나무끼리 슬픔은 슬픔끼리」 부분

물처럼 타인을 향해 흘러가려는 앞선 시의 화자 위에 위 시의 화자를 겹쳐두어도 좋겠다. 이 시의 '나' 또한, 어둠 속에 녹아든 "깊은 상처"의 무늬를 보기 위해 시간과 정성을 할애할 준비가 되어 있다. 슬픔은 나무와 같이 군락 안에서 이롭게 존재할 수 있다는 사실을 아는 까닭이다.

이 시의 제목에서 '슬픔은 슬픔끼리'라는 표현에는 '서로 함께'의 뜻을 내장한 '끼리'라는 접사가 탑재되어 슬픔의 감염력에 대해 생각하게 한다. 더 정확히 말하자면 사람은 타자와의 교감을 통해 슬픔을 좀 더 나은 방식으로 감내할 수 있다는 것이다. 가령 나의 아픔이 누군가에게도 존재함을 알 때, 타인의 아픔과 내 아픔의 무늬가 유사함을 느낄 때 그 사실이 여하한 말보다 나은 위로가 될지도 모른다.

이 사실을 전하기 위해 시는 사람과 나무를 다감한 유비 안에 둔다. 나무는 독립적인 개체로 존재하는 한편 군락을 이루며 살아가는 존재이다. 서로가 햇빛을 쪼일 수 있는 간격 바깥에 각자 서서, 그러나 함께 바람을 맞고 비를 이겨낸다. 물질문명은 인간에게 경쟁과 약육강식만이 생존의 전제라 가르쳐 왔지만, 나무처럼 서로의 고통을 응시하고 나누고 헤아리며 사는 것이야말로 우리가 잃어버린 삶의 본질이겠다. "모양과 색깔이 다"른 우리가 "같은 목적지를 바라보"며 살게 하는 방식인 것이다.

주소도 없이 떠돌다 만난 우리는
모양과 색깔이 다르고
같은 목적지를 바라보는
닮은 듯
서로 다른
행성

─「물끄러미」 부분

자연과 공명하는 '나'들의 집

남상진 시인의 세 번째 시집은 이렇듯, 자기 자신과 타자에 대해 고구하기 위해 자연과 공명(共鳴)하는 '나'들의 집이다. 이들은 나무와 비의 힘을 빌려 자신의 내면을 방문하고 거기 묵혀둔 아픔을 나무처럼 비처럼 단단하게, 유

연하게 감당해 나가려는 자들이다. 또 한편 인간 역시 본래는 타자를 향해 흐르고 자기 사위의 존재들과 군락을 이룰 수 있는 자질을 지녔음을 기억하는 자들이기도 하다.

문명의 기준에 맞춰 이 '나'들의 노력을 재단해야 한다면 그것은 무쓸모에 가까울지 모른다. 그를 위해 구태여 고독을 자임하였으므로 이들에게는 괴팍한 은둔자라는 수사가 부기될 수도 있겠다. 그러나 지친 날 자연의 곁에 눕는 것이 인간의 삶이므로, 우리의 본성이나 마음의 뿌리는 자연에 맞닿아 있으므로, 이 시집의 감각과 전언은 또 어느 날 고단한 누군가의 외로움 위에 가만히 포개어질 것이다.

시인수첩 시인선 089
나무라 불러도 괜찮습니다

ⓒ 남상진, 2024

초판 1쇄 인쇄 2024년 10월 2일
초판 1쇄 발행 2024년 10월 10일

지은이 | 남상진
발행인 | 이인철

펴낸곳 | (주)여우난골
주　소 | 서울특별시 강남구 연주로30길 27. 606호 (도곡동 우성리빙텔)
전　화 | 02-572-9898
팩　스 | 0504-981-9898
등　록 | 2020년 11월 19일 제2020-000328호

블로그 | blog.naver.com/seenote
이메일 | poetmemo@naver.com

ISBN 979-11-92651-29-3 03810

* 파본은 구매처에서 바꾸어 드립니다.

* 이 시집은 경남문화예술진흥원의 문화예술지원금을 보조받아 발간되었습니다.